O PODER DE ORAR PELOS FILHOS ADULTOS

STORMIE OMARTIAN

O PODER DE ORAR PELOS FILHOS ADULTOS

LIVRO DE ORAÇÕES

Traduzido por CECÍLIA ELLER

Copyright © 2009 por Stormie Omartian
Publicado originalmente por Harvest House Publishers, Eugene, Oregon, EUA

Os textos das referências bíblicas foram extraídos da *Nova Versão Internacional* (NVI), da Sociedade Bíblica Internacional, salvo indicação específica.

Todos os direitos reservados e protegidos pela Lei nº 9.610, de 19/02/1998.

É expressamente proibida a reprodução total ou parcial deste livro, por quaisquer meios (eletrônicos, mecânicos, fotográficos, gravação e outros), sem prévia autorização, por escrito, da editora.

Dados Internacionais de Catalogação na Publicação (CIP)
(Câmara Brasileira do Livro, SP, Brasil)

Omartian, Stormie

O poder de orar pelos filhos adultos: livro de orações / Stormie Omartian; traduzido por Cecília Eller. — São Paulo: Mundo Cristão, 2012.

Título original: *The Power of Praying® for Your Adult Children: Book of Prayers.*

1. Devoções diárias 2. Filhos adultos — Vida religiosa 3. Oração — Cristianismo 4. Pais — Oração e devoção I. Título.

12-01514   CDD-248.32

Índice para catálogo sistemático:
1. Filhos adultos e pais : Oração : Prática religiosa : Cristianismo   248.32
Categoria: Oração

Publicado no Brasil com todos os direitos reservados por:
Editora Mundo Cristão
Rua Antônio Carlos Tacconi, 69, São Paulo, SP, Brasil, CEP 04810-020
Telefone: (11) 2127-4147
www.mundocristao.com.br

1ª edição: outubro de 2012
4ª reimpressão (sistema digital): 2020

Introdução

ENQUANTO vivermos, nós, mães, sempre teremos os filhos na mente e no coração. Mesmo depois de se tornarem adultos, permaneceremos preocupadas com sua segurança, seu bem-estar, seu relacionamento com Deus e o sucesso em tudo que fizerem — do trabalho à saúde, dos amigos e relacionamento conjugal à educação de seus filhos. Como não sabemos exatamente o que se passa na vida deles, precisamos orar de uma forma que os proteja e nos traga paz nesse processo. Escrevi um livro intitulado *O poder de orar pelos filhos adultos*[1] e faço o caloroso convite para que você o leia também. Este pequeno livro em suas mãos contém algumas das orações dessa outra obra. É pequeno o suficiente para você carregá-lo consigo e orar por seus filhos adultos todas as vezes que se lembrar deles.

---

[1] São Paulo: Mundo Cristão, 2010 [N. do T.].

Creio que as orações ajudarão todas as mães a exercer um impacto positivo na vida de seus filhos adultos. Peço a Deus que cada oração ajude você a encontrar maior descanso de preocupações e ansiedades por estar abrindo as comportas do poder divino, o qual é maior do que qualquer coisa que você ou eles enfrentem. Quando levamos nossas preocupações ao Senhor, confiando que ele ouve nossas orações e as responde em favor de nossos filhos adultos, nossas orações têm poder de efetuar mudanças na vida deles. E não é justamente isso que todas queremos?

Stormie Omartian

Esta é a confiança que temos ao nos aproximarmos de Deus: se pedirmos alguma coisa de acordo com a vontade de Deus, ele nos ouvirá. E se sabemos que ele nos ouve em tudo o que pedimos, sabemos que temos o que dele pedimos.

1João 5.14-15

1

O que todas as mães de filhos adultos precisam saber

SENHOR, sei que tu és o único Pai perfeito. Obrigada por amares meu filho assim como eu amo. Sou grata por ouvires minhas orações por eles. Dá-me fé para crer e paciência para esperar tuas respostas. Ajuda-me a não me culpar por aquilo que der errado na vida deles. Nas áreas em que errei, confesso os erros a ti e peço que redimas todos eles e me libertes da culpa. Ajuda-me a perdoar meus filhos por qualquer coisa que tenham feito para me ferir ou decepcionar. Hoje eu declaro: "Por este [filho] orava eu; e o SENHOR me concedeu a petição que eu lhe fizera" (1Sm 1.27, RA). A ti todo o louvor e toda a glória. Em nome de Jesus, amém.

Dediquem-se à oração, estejam alerta e sejam agradecidos.

Colossenses 4.2

Anotações de oração

2

O que todas as mães de filhos adultos precisam saber

SENHOR, peço-te que me ensines a interceder por meu filho adulto. Eu te agradeço porque me amas e a meu filho e por ouvires minhas orações por ele. Liberta-me de todas as preocupações e ansiedades que tenho em relação a ele, para que eu tenha paz. Agradeço porque teu amor e poder foram derramados em mim, e isso significa que minhas orações por ele terão poder. Ajuda-me a perdoar o pai dele naquilo que considero ter ele falhado na educação de nosso filho. Auxilia-me a perdoar qualquer pessoa que tenha prejudicado meu filho de alguma forma. Ajuda-me a perdoar a mim mesma pelas vezes em que sinto não ter sido a mãe perfeita. Em nome de Jesus, amém.

Àquele que é capaz de fazer infinitamente mais do que tudo o que pedimos ou pensamos, de acordo com o seu poder que atua em nós, a ele seja a glória na igreja e em Cristo Jesus, por todas as gerações, para todo o sempre! Amém!

Efésios 3.20-21

Anotações de oração

3

Ore para que seus filhos adultos

Vejam Deus derramar o Espírito sobre eles

Senhor, tu disseste que nos últimos dias derramarias teu Espírito sobre toda carne. Clamo a ti das profundezas de meu coração e peço que derrames teu Espírito Santo sobre meu filho. Derrama o Espírito sobre mim e sobre os outros membros de minha família também. Derrama teu Espírito sobre o cônjuge de meu filho e sobre a família dele, tanto presente quanto futura. Derrama teu Espírito sobre qualquer circunstância difícil que meu filho esteja enfrentando. Sê o Senhor de todas as partes da vida dele e de cada aspecto de seu ser. Fala ao coração de meu filho e ajuda-o a ouvir o que dizes. Capacita-o a entender tua orientação para a vida dele. Em nome de Jesus, amém.

Nos últimos dias, diz Deus, derramarei do meu Espírito sobre todos os povos. Os seus filhos e as suas filhas profetizarão, os jovens terão visões, os velhos terão sonhos.

Atos 2.17

Anotações de oração

_____

_____

_____

_____

_____

_____

_____

_____

_____

_____

4

Ore para que seus filhos adultos

Vejam Deus derramar o Espírito sobre eles

Senhor, abre os ouvidos de meu filho adulto para ouvir tuas verdades e rejeitar todas as mentiras. Ajuda-o a se mover pelo poder de teu Espírito. Capacita-o a permanecer acima dos assaltos do mal em nossa cultura. Caso se afaste de teus caminhos, estende tua mão e traze-o de volta. Convence o coração dele da culpa e coloca-o de volta onde deve ficar. Que o Espírito Santo nele derramado neutralize completamente o poder do inimigo, que tenta infiltrar o mal na vida dele. Sei que podes realizar muito mais na vida de meu filho adulto do que eu, e te convido para fazeres isso. Em nome de Jesus, amém.

Se vocês, apesar de serem maus, sabem dar boas coisas aos seus filhos, quanto mais o Pai que está nos céus dará o Espírito Santo a quem o pedir!

Lucas 11.13

Anotações de oração

5

Ore para que seus filhos adultos

Vejam Deus derramar o Espírito sobre eles

Senhor, peço que meu filho adulto nunca entristeça teu Espírito Santo (Ef 4.30), mas que o receba como um presente teu (Lc 11.13). Enche-o com teu Espírito e derrama nele tua paz, esperança, fé, verdade e teu poder. Que um espírito de louvor nasça no coração dele e o ensine a te adorar em espírito e em verdade. Se há algo que, em meu papel de mãe, eu possa ou deva fazer — ou *não* deva fazer —, por favor, ajuda-me a perceber com clareza, para que eu faça a coisa certa. Espírito Santo da verdade, revela a verdade que eu e meu filho precisamos ver. Guia-me sempre em minhas reações a ele. Em nome de Jesus, amém.

Mas receberão poder quando o Espírito Santo descer sobre vocês.

Atos 1.8

Anotações de oração

6

Ore para que seus filhos adultos

Busquem o Senhor, sua Palavra e seus caminhos

Senhor, peço que (nome do filho adulto) ame tua Palavra e alimente a alma com ela todos os dias. Fala ao coração dele e inspira vida em cada palavra, para que se torne viva para ele. Ensina-lhe teus caminhos e tuas leis e capacita-o a fazer o que é certo. Peço que a voz do inimigo seja silenciada, para que ele ouça o Espírito Santo falar a seu coração. Disseste em tua Palavra que, quando alguém desvia o ouvido de ouvir a lei, até sua oração é detestável (Pv 28.9). Meu pedido é que meu filho nunca ensurdeça os ouvidos para tuas leis. Em nome de Jesus, amém.

No caminho da justiça está a vida; essa é a vereda que nos preserva da morte.

Provérbios 12.28

Anotações de oração

7

Ore para que seus filhos adultos

Busquem o Senhor, sua Palavra e seus caminhos

Senhor, oro por (<u>nome do filho adulto</u>) e peço que lhe dês um coração que busque te conhecer. Assim como foi dito acerca de teu bom e fiel servo Daniel, "nele havia um espírito excelente" (Dn 6.3, RA), que o mesmo se possa declarar sobre meu filho. Atrai-o para perto de ti e capacita-o a se tornar mais semelhante a ti. Disseste em tua Palavra que és a porta, pela qual todo aquele que entrar será salvo (Jo 10.9). Não permitas que ele entre por nenhuma outra porta, a não ser o caminho para a eternidade que tens para ele. Em nome de Jesus, amém.

Pois os olhos do SENHOR estão atentos sobre toda a terra para fortalecer aqueles que lhe dedicam totalmente o coração.

2Crônicas 16.9

Anotações de oração

8

Ore para que seus filhos adultos

Busquem o Senhor, sua Palavra e seus caminhos

Senhor, se meu filho se afastou de ti em alguma área, faze-o voltar para ti de todo o coração (Jr 24.7). Capacita-o a se tornar uma nova criatura em Cristo, assim como disseste em tua Palavra (2Co 5.17). Dá a ele um coração arrependido, um coração humilde e direcionado para ti. Se houver rebelião dentro dele, peço que cries um coração puro e renoves um espírito reto em seu interior. Remove todo orgulho que o leva a pensar que pode viver sem ti. Dá-lhe o desejo de querer aquilo que tu queres. Em nome de Jesus, amém.

Se vocês permanecerem em mim, e as minhas palavras permanecerem em vocês, pedirão o que quiserem, e lhes será concedido. Meu Pai é glorificado pelo fato de vocês darem muito fruto; e assim serão meus discípulos.

João 15.7-8

Anotações de oração

9

Ore para que seus filhos adultos

Busquem o Senhor, sua Palavra e seus caminhos

Deus, ajuda (<u>nome do filho adulto</u>) a ter paixão por tua presença e por tua Palavra. Ajuda-o a sentir a presença de teu Espírito Santo a guiá-lo. Oro para que ele te exalte e te ame o suficiente para te colocar em primeiro lugar e te servir. Que o derramamento do Espírito Santo em sua vida encha de energia a devoção que sente por ti. Peço que meu filho planeje a vida dele com base no relacionamento que tem contigo. Conserva-o em teu caminho para que sempre esteja onde quiseres e faça aquilo que desejares. Capacita-me a inspirar nele um amor maior por ti ao ver teu amor em mim. Em nome de Jesus, amém.

Aproximem-se de Deus, e ele se aproximará de vocês!

Tiago 4.8

Anotações de oração

10

Ore para que seus filhos adultos

Cresçam em sabedoria, discernimento e revelação

Senhor, tu disseste que, se tivermos falta de sabedoria, devemos pedi-la a ti e tu a darás a nós (Tg 1.5). Venho a ti pedir que derrames teu Espírito de sabedoria sobre (<u>nome do filho adulto</u>). Dê a ele sabedoria para sempre dizer a palavra certa aos outros, para procurar conselhos sábios e espirituais, para ser humilde, não orgulhoso, e para não ser atraído pela sabedoria do mundo. Ajuda-o a ter o tipo de sabedoria sensata que produz discernimento, o qual se tornará vida para a alma dele (Pv 3.21-22). Concede-lhe sabedoria para ajudá-lo a fazer boas escolhas, tomar decisões acertadas e confiar nas pessoas certas. Em nome de Jesus, amém.

O temor do Senhor é o princípio do conhecimento, mas os insensatos desprezam a sabedoria e a disciplina.

Provérbios 1.7

Anotações de oração

11

Ore para que seus filhos adultos

Cresçam em sabedoria, discernimento e revelação

Senhor, peço que (<u>nome do filho adulto</u>) tenha a sabedoria que vem do teu Espírito (1Co 12.8). Ajuda-o a ser forte e a se recusar a cair nos caminhos da insensatez. Auxilia-o a ter sabedoria para nunca blasfemar contra teu nome. Convence o coração dele do erro sempre que for tentado. Em vez disso, oro para que "altos louvores estejam em seus lábios e uma espada de dois gumes em suas mãos" (Sl 149.6). Dá-lhe uma sabedoria que o afaste do perigo e o proteja do mal. Concede-lhe convicção profunda da verdade e a capacidade de extrair informações e fazer julgamentos corretos quanto a elas. Em nome de Jesus, amém.

O ensino dos sábios é fonte de vida, e afasta o homem das armadilhas da morte.

Provérbios 13.14

Anotações de oração

12

Ore para que seus filhos adultos

Cresçam em sabedoria, discernimento e revelação

SENHOR, sei que tua Palavra é a espada de dois gumes que queres ver na mão de meu filho. Por isso, peço que coloques amor pelas Escrituras no coração dele e o desejo de ler a Bíblia todos os dias. Grava tuas palavras na mente e no coração dele para que elas se tornem vida para meu filho. Capacita-o a lembrar-se de tuas palavras e guardar teus mandamentos para que viva (Pv 4.4). Disseste na Bíblia que "se o sábio lhes der ouvidos, aumentará seu conhecimento, e quem tem discernimento obterá orientação" (Pv 1.5). Peço que ele se encha de tua sabedoria, seja capaz de ouvir a verdade e discerni-la. Em nome de Jesus, amém.

Se algum de vocês tem falta de sabedoria, peça-a a Deus, que a todos dá livremente, de boa vontade; e lhe será concedida.

Tiago 1.5

Anotações de oração

13

Ore para que seus filhos adultos

Cresçam em sabedoria, discernimento e revelação

Senhor, peço que concedas a meu filho adulto a habilidade de discernir entre o bem e o mal, assim como deste essa capacidade a Salomão. Ajuda-o a distinguir entre o santo e o profano, o limpo e o imundo, o certo e o errado. Dá a ele clareza para lidar com pessoas e situações e o capacita a ver aquilo que não conseguiria enxergar de outra maneira. Auxilia-o a ver as coisas que só se discernem espiritualmente (1Co 2.14). Peço que ele possa "clamar por entendimento e por discernimento gritar bem alto", a fim de que entenda "o que é temer o Senhor e [ache] o conhecimento de Deus" (Pv 2.3,5). Em nome de Jesus, amém.

Se clamar por entendimento e por discernimento gritar bem alto; se procurar a sabedoria como se procura a prata e buscá-la como quem busca um tesouro escondido, então você entenderá o que é temer o Senhor e achará o conhecimento de Deus.

Provérbios 2.3-5

Anotações de oração

14

Ore para que seus filhos adultos

Cresçam em sabedoria, discernimento e revelação

Senhor, peço que concedas revelação para a vida de meu filho adulto. Ajuda-o a ser guiado por ela em tudo que fizer. Não permita que fique paralisado pela indecisão por não ter no coração uma palavra vinda de ti. Dá-lhe revelação que encha a mente e o coração com uma visão da vida que lhe abra os olhos para teu propósito e chamado para ele. Concede-lhe o tipo de revelação que o capacita a tomar uma decisão acertada, que, de outro modo, não conseguiria. Acima de tudo, peço que revele quem és a ele de tal forma que saiba quando a revelação vem de ti. Em nome de Jesus, amém.

Onde não há revelação divina, o povo se desvia; mas como é feliz quem obedece à lei!

Provérbios 29.18

Anotações de oração

15

ORE PARA QUE SEUS FILHOS ADULTOS

Encontrem liberdade, restauração e plenitude

SENHOR, sei que és maior do que qualquer coisa que esteja acorrentando meu filho adulto e que teus planos para a vida dele são de liberdade plena. Espírito Santo, ajuda-o a compreender que, onde tu estás, há liberdade. Auxilia-o a encontrar a transformação que só se pode achar em tua presença. Ensina meu filho a buscar tua presença na *Palavra*, na *oração*, no *louvor* e na *adoração*. Ajuda-o a conhecer a verdade em tua Palavra, que o liberta. Auxilia-o a ver a verdade sobre qualquer pecado em sua vida. Nas áreas em que o inimigo o estiver oprimindo, remove as vendas dos olhos para que ele perceba o que está lhe acontecendo. Em nome de Jesus, amém.

Ora, o Senhor é o Espírito e, onde está o Espírito do Senhor, ali há liberdade.

2Coríntios 3.17

Anotações de oração

16

Ore para que seus filhos adultos

Encontrem liberdade, restauração e plenitude

Senhor, peço que meu filho adulto encontre a liberdade que o Senhor reservou para ele. Peço o derramamento de teu Espírito Santo de liberdade sobre ele para que haja renovação em todas as áreas de sua vida onde for necessário. Se ele estiver preso pelos próprios pecados ou se mentiras e planos do inimigo o mantêm cativo, oro para que o livres. Caso necessite ser liberto de uma mentalidade errada ou de uma crença que não vem de ti, ajuda-o a encontrar liberdade em Cristo. Não sei todas as instâncias em que meu filho adulto necessita de libertação, mas tu sabes, Senhor. Por favor, derrama tua luz em tudo aquilo que necessita ser iluminado, para que ele possa ver. Em nome de Jesus, amém.

Se o Filho os libertar, vocês de fato serão livres.

João 8.36

Anotações de oração

_____

_____

_____

_____

_____

_____

_____

_____

_____

_____

17

Ore para que seus filhos adultos

Encontrem liberdade, restauração e plenitude

Jesus, tua Palavra diz que vieste "para proclamar liberdade aos presos" e "para libertar os oprimidos" (Lc 4.18). Peço que libertes (nome do filho adulto) em qualquer área em que esteja cativo. Se o inimigo o oprime, peço que o livres desse tormento. Destrói qualquer fortaleza que o inimigo tenha levantado contra ele. Sei que uma das maiores coisas que posso fazer por meu filho adulto é levá-lo a encontrar libertação pessoal. Mostra-me se estou nutrindo qualquer coisa em minha mente, coração ou vida que não venha de ti, para que eu possa me livrar dela. Em nome de Jesus, amém.

O anjo do SENHOR é sentinela ao redor daqueles que o temem, e os livra.

Salmos 34.7

Anotações de oração

18

ORE PARA QUE SEUS FILHOS ADULTOS

Encontrem liberdade, restauração e plenitude

SENHOR, peço que restaures à plenitude tudo aquilo que está em pedaços na vida de meu filho adulto. Traze restauração a tudo que foi perdido. Restaura o tempo perdido, as oportunidades perdidas, a saúde perdida, os relacionamentos perdidos e tudo aquilo que foi tirado dele. Opera a transformação necessária para que ele possa receber a plenitude que lhe reservaste. Depois que ele for liberto, ajuda-o a permanecer livre. Não permitas que fique preso de novo. Digo a ti, Senhor: "Sê exaltado, ó Deus, acima dos céus; estenda-se a tua glória sobre toda a terra! Salva-nos com a tua mão direita e responde-nos, para que sejam libertos aqueles a quem amas" (Sl 108.5-6). Em nome de Jesus, amém.

Foi para a liberdade que Cristo nos libertou. Portanto, permaneçam firmes e não se deixem submeter novamente a um jugo de escravidão.

Gálatas 5.1

Anotações de oração

_____
_____
_____
_____
_____
_____
_____
_____
_____
_____

19

Ore para que seus filhos adultos

Encontrem liberdade, restauração e plenitude

Senhor, livra-me de tudo que atrapalha o fluir de teu Espírito em mim. Peço que minha liberdade seja visível a meu filho adulto e que ela inspire nele o desejo por liberdade também. Ajuda-me a ter um relacionamento dinâmico, poderoso e repleto de esperança contigo, para incentivá-lo a buscar o mesmo. Capacita-me a sempre viver nos teus caminhos, a fim de que meu filho e eu colhamos os benefícios de tua misericórdia estendida a mim (Êx 20.6). Que as bênçãos da minha vida, vivida de acordo com tuas leis, fluam para ele. Mostra-me como orar para que ele seja liberto de tudo que o afasta daquilo que planejaste para ele. Em nome de Jesus, amém.

Porque ele me ama, eu o resgatarei; eu o protegerei, pois conhece o meu nome.

Salmos 91.14

Anotações de oração

20

Ore para que seus filhos adultos

Entendam o propósito de Deus para a vida deles

Senhor, oro para que (nome do filho adulto) tenha senso de propósito na vida e capacidade de compreender esse propósito com clareza. Dá-lhe o Espírito de sabedoria e revelação, para que os olhos de seu entendimento sejam iluminados. Ajuda-o a saber qual é a esperança do teu chamado e a suprema grandeza do teu poder em favor dele (Ef 1.17-19). Peço que teus planos de cumprir o destino e o propósito que tens para meu filho sejam bem-sucedidos, não os planos do inimigo. Capacita-o a se afastar de todas as distrações deste mundo e se voltar para ti, a fim de ouvir tua voz. Em nome de Jesus, amém.

Conceda-te o desejo do teu coração e leve a efeito todos os teus planos.

Salmos 20.4

Anotações de oração

21

Ore para que seus filhos adultos

Entendam o propósito de Deus para a vida deles

Senhor, mostra-me como orar especificamente pelo propósito, direcionamento e chamado de meu filho adulto. Dá-me discernimento e revelação. Ajuda-me a incentivá-lo e lhe dar conselhos úteis, sem julgar nem ser dominadora. Quando parecer que a resposta demora a chegar, ajuda-nos a não ficar desanimados. Mantém-nos fortes em oração até teu propósito se cumprir na vida dele. Ajuda-o a ouvir tua voz para que tenha, em seu coração, uma palavra provinda de ti. Que ela seja como um trampolim que o lança na direção correta. Concede-lhe um forte senso de direção e propósito, que transcende todo medo e fracasso, toda hesitação, preguiça e derrota. Em nome de Jesus, amém.

Sabemos que Deus age em todas as coisas para o bem daqueles que o amam, dos que foram chamados de acordo com o seu propósito.

Romanos 8.28

Anotações de oração

22

ORE PARA QUE SEUS FILHOS ADULTOS

Entendam o propósito de Deus para a vida deles

SENHOR, quando meu filho adulto *tiver* senso de propósito, oro para que não o perca. Concede a ele sabedoria e motivação para dar os passos certos a cada dia. Capacita-o a entender o que é mais importante na vida, para que possa tomar decisões e fazer escolhas com facilidade. Peço que nunca falhe em refletir sobre seu destino eterno em cada escolha que fizer e em tudo aquilo que realizar. Ajuda-o a não se decidir sem consultar a ti. Preserva-o de insistir naquilo que *ele* quer, em vez de querer o mesmo que *tu* desejas. Inspira em meu filho a decisão de estar sempre no centro de tua vontade. Em nome de Jesus, amém.

Não deixo de dar graças por vocês, mencionando-os em minhas orações. Peço que o Deus de nosso Senhor Jesus Cristo, o glorioso Pai, lhes dê espírito de sabedoria e de revelação, no pleno conhecimento dele. Oro também para que os olhos do coração de vocês sejam iluminados, a fim de que vocês conheçam a esperança para a qual ele os chamou.

Efésios 1.16-18

Anotações de oração

23

Ore para que seus filhos adultos

Tenham sucesso no trabalho e estabilidade financeira

Senhor, suplico tuas bênçãos sobre (nome do filho adulto). Abençoa o trabalho de suas mãos de todas as maneiras. Confere a ele um forte senso de propósito, para que seja conduzido à ocupação certa e sempre esteja na profissão ou no cargo que corresponde a tua vontade para a vida dele. Comunica-lhe o que o criaste para ser, a fim de que nunca fique vagando de um emprego para o outro, sem objetivo. Ajuda-o a descobrir uma grande missão em todo emprego que tiver. Derrama teu Espírito Santo sobre ele e auxilia-o, para que "nunca [lhe] falte o zelo, [seja fervoroso] no espírito, [sirva] ao Senhor" (Rm 12.11). Em nome de Jesus, amém.

Tudo o que fizerem, façam de todo o coração, como para o Senhor, e não para os homens.

Colossenses 3.23

Anotações de oração

24

ORE PARA QUE SEUS FILHOS ADULTOS

Tenham sucesso no trabalho e estabilidade financeira

SENHOR, peço que meu filho adulto sempre faça seu trabalho para tua glória (Cl 3.23). Que seu coração perceba se houver a tentação de fazer algo antiético, seja de maneira deliberada ou inconsciente. Desvia-o de qualquer ação questionável ou ilegal. Ajuda-o a sempre saber que tudo aquilo que for ganho de forma ilícita ou antiética não prevalecerá e arruinará sua reputação no final. Peço que ele se convença de que uma boa reputação é muito mais valiosa do que riquezas (Jr 17.11). Concede sabedoria a meu filho em relação a todas as questões financeiras. Capacita-o a ver o perigo antes de qualquer coisa grave acontecer. Dá-lhe entendimento para gastar, economizar e investir com sabedoria. Em nome de Jesus, amém.

Você já observou um homem habilidoso em seu trabalho? Será promovido ao serviço real; não trabalhará para gente obscura.

Provérbios 22.29

Anotações de oração

_____

_____

_____

_____

_____

_____

_____

_____

_____

25

ORE PARA QUE SEUS FILHOS ADULTOS

Tenham sucesso no trabalho e estabilidade financeira

SENHOR, protege meu filho adulto para que seus recursos não sejam perdidos, roubados ou desperdiçados. Peço que o inimigo nunca receba permissão para roubar, matar ou destruir qualquer coisa na vida deles. Oro para que "pratiquem o bem, sejam ricos em boas obras, generosos e prontos a repartir. Dessa forma, eles acumularão um tesouro para si mesmos, um firme fundamento para a era que há de vir, e assim alcançarão a verdadeira vida" (1Tm 6.18-19). Ajuda-o a dedicar suas finanças a ti, para que tu estejas no controle. Auxilia-o a ficar livre de dívidas e a ser cuidadoso com os gastos, para que o futuro esteja garantido. Em nome de Jesus, amém.

Já fui jovem e agora sou velho, mas nunca vi o justo desamparado, nem seus filhos mendigando o pão.

Salmos 37.25

Anotações de oração

26

Ore para que seus filhos adultos

Tenham sucesso no trabalho e estabilidade financeira

Senhor, capacita meu filho adulto a ser um bom mordomo de tudo aquilo que deste a ele. Ajuda-o a aprender a dar a ti de maneira agradável a teus olhos. Se estiver passando por problemas financeiros agora, oro para que a situação se reverta. Abre as portas da oportunidade e auxilia-o a encontrar favor no mercado de trabalho. Ajuda-o a receber pagamento justo pelo trabalho que realiza. Peço que tua bênção da provisão esteja sobre (<u>nome do filho adulto</u>). Dá-lhe sabedoria em relação ao trabalho, sua carreira, seu emprego e sua profissão. Oro pelo sucesso no trabalho que o chamaste para desempenhar. Em nome de Jesus, amém.

Descobri também que poder comer, beber e ser recompensado pelo seu trabalho é um presente de Deus.

Eclesiastes 3.13

Anotações de oração

27

ORE PARA QUE SEUS FILHOS ADULTOS

Tenham sucesso no trabalho e estabilidade financeira

SENHOR, tu nos instruíste da seguinte forma: "Busquem, pois, o Reino de Deus, e essas coisas lhes serão acrescentadas" (Lc 12.31). Ajuda meu filho adulto a se entregar a ti em corpo, mente, alma e espírito, a fim de que desfrute a abundância e a prosperidade que planejaste para ele. Auxilia-o a aprender da correção e da instrução de mestres sábios e de pessoas maduras, sábias e experientes, para que evite a pobreza, a vergonha e ganhe a honra e a prosperidade que reservaste para ele (Pv 13.18). Peço que a beleza do Senhor esteja sobre ele e consolide a obra de suas mãos (Sl 90.17). Que esbanje "o fruto do seu trabalho" e não labute inutilmente (Is 65.22-23). Em nome de Jesus, amém.

Você comerá do fruto do seu trabalho, e será feliz e próspero.

Salmos 128.2

Anotações de oração

28

ORE PARA QUE SEUS FILHOS ADULTOS

Cultivem mente saudável e atitude correta

SENHOR, peço que ajudes (nome do filho adulto) a ser capaz de assumir o controle de sua mente e de suas emoções. Capacita-o a levar cativo a Cristo todo pensamento (2Co 10.5). Ajuda-o a não dar espaço a qualquer pensamento que invade sua mente, mas a ter o discernimento de reconhecer a voz do inimigo proferindo mentiras. Tira todo engano, para que ele não aceite mentiras como se fossem verdades. Auxilia-o a reconhecer com clareza as armadilhas do inimigo com o propósito de trazer destruição. Concede-lhe a habilidade de resistir à tentação de encher a mente com qualquer coisa que não glorifique a ti. Em lugar disso, auxilia-o a preencher a mente com pensamentos que te agradem. Em nome de Jesus, amém.

Tenham entre vocês o mesmo modo de pensar que Cristo Jesus tinha.

Filipenses 2.5, NTLH

Anotações de oração

_____

_____

_____

_____

_____

_____

_____

_____

_____

29

Ore para que seus filhos adultos

Cultivem mente saudável e atitude correta

SENHOR, ajuda (<u>nome do filho adulto</u>) a pensar em coisas verdadeiras, nobres, corretas, puras, amáveis, de boa fama, excelentes e dignas de louvor (Fp 4.8). Peço que ele seja capaz de resistir a qualquer tentativa do inimigo de atormentar sua mente com emoções e pensamentos negativos. Ajuda-o a sentir repulsa por livros, revistas, músicas, filmes e imagens de internet e televisão profanos, para que ele sempre se afaste dessas coisas. Capacita-o a escolher o amor, o poder e a mente sensata que lhe deste. Dissolve qualquer nuvem escura de emoções negativas que paire sobre ele. Liberta-o de toda confusão e proporciona clareza de mente. Em nome de Jesus, amém.

Não vivam mais como os gentios, que vivem na inutilidade dos seus pensamentos. Eles estão obscurecidos no entendimento e separados da vida de Deus por causa da ignorância em que estão, devido ao endurecimento do seu coração. [...] [Sejam] renovados no modo de pensar.

Efésios 4.17-18,23

Anotações de oração

30

ORE PARA QUE SEUS FILHOS ADULTOS

Cultivem mente saudável e atitude correta

SENHOR, ministra fé a meu filho adulto para substituir toda dúvida. Concede a ele confiança em ti, para substituir a insegurança em seu interior. Dá-lhe paz, paciência e perdão para substituir toda raiva. Derrama-lhe teu amor para dissolver todo medo. Proporciona-lhe tua presença para apagar toda solidão. Peço que lhe dês sabedoria em relação àquilo que ele permite entrar em sua mente. Concede-lhe muito discernimento, a fim de que as linhas divisórias entre o bem e o mal sejam vistas com nitidez. Que ele veja quando cruzar a linha, e que tu entristeças o espírito dele assim como o teu está entristecido. Peço que a mente dele seja envolta pela tua. Em nome de Jesus, amém.

Não se amoldem ao padrão deste mundo, mas transformem-se pela renovação da sua mente, para que sejam capazes de experimentar e comprovar a boa, agradável e perfeita vontade de Deus.

Romanos 12.2

Anotações de oração

_____

_____

_____

_____

_____

_____

_____

_____

_____

31

Ore para que seus filhos adultos

Cultivem mente saudável e atitude correta

Senhor, sei que "a língua tem poder sobre a vida e sobre a morte" (Pv 18.21). Por isso, peço que me ajudes a proferir palavras de vida à mente e ao coração de meu filho adulto sempre que conversar com ele. Capacita-me a edificá-lo e a demonstrar amor de maneira que ele consiga perceber. Atrai meu filho adulto a tua Palavra, para que ela julgue "os pensamentos e intenções do coração" toda vez que ele a ler (Hb 4.12). Revela-lhe quaisquer crenças ou pensamentos errados. Ajuda-o a ter a "mente de Cristo" a todo tempo e em todas as situações (1Co 2.16). Em nome de Jesus, amém.

*Tu, S*ENHOR*, guardarás em perfeita paz aquele cujo propósito está firme, porque em ti confia.*

Isaías 26.3

Anotações de oração

32

Ore para que seus filhos adultos

Cultivem mente saudável e atitude correta

Senhor, quando meu filho adulto estiver lutando em sua própria mente, ou com emoções, peço que o ajudes a entender que "o choro pode persistir uma noite, mas de manhã irrompe a alegria" (Sl 30.5). Que a tua paz seja juiz no coração dele e o leve a ter uma atitude de gratidão em relação a ti (Cl 3.15). Peço que ele confie em ti e seja capaz de dizer, assim como Davi: "De fato, acalmei e tranquilizei a minha alma" (Sl 131.2). Clamo pelo "equilíbrio" que prometeste para meu filho adulto. Ensina-o a entoar louvores e adorar-te até que ouça tua voz falar com clareza a sua alma. Em nome de Jesus, amém.

Não andem ansiosos por coisa alguma, mas em tudo, pela oração e súplicas, e com ação de graças, apresentem seus pedidos a Deus. E a paz de Deus, que excede todo o entendimento, guardará o coração e a mente de vocês em Cristo Jesus.

Filipenses 4.6-7

Anotações de oração

33

Ore para que seus filhos adultos

Resistam a influências malignas e comportamentos destrutivos

Senhor, peço que dês a (<u>nome do filho adulto</u>) o discernimento de que ele necessita para escolher claramente entre o bem e o mal, o certo e o errado, entre aquilo que dá vida e o que a destrói, entre o caminho para um futuro bom e seguro e o que leva a um beco sem saída. Peço que ele não permita que o mundo o molde, mas que, em lugar disso, ele seja moldado por ti. Sei que a influência do inimigo pode vir de maneira tão sutil que só é identificada quando já é tarde demais. Mas oro para que, com a sabedoria e o discernimento dados pelo Espírito Santo, ele esteja preparado para combater Satanás e preveja seus planos. Em nome de Jesus, amém.

O Senhor é a minha rocha, a minha fortaleza e o meu libertador; o meu Deus é o meu rochedo, em quem me refugio.

Salmos 18.2

Anotações de oração

34

Ore para que seus filhos adultos

Resistam a influências malignas e comportamentos destrutivos

Senhor, peço que a cultura mundana não tenha poder sobre meu filho. Tira dele qualquer amarra ao mal do mundo e o liberta para que ele só esteja ligado a ti. Protege-o de todos os ataques do inimigo. Ajuda-o a confiar em ti e em teu poder a fim de que não dê "lugar ao Diabo" (Ef 4.27). Peço que ele busque tua orientação para a vida. Que tu sejas seu "abrigo", onde ele será preservado de aflições. Cerca-o com "canções de livramento" (Sl 32.7) e o instrui no caminho que deve seguir. Em nome de Jesus, amém.

Confie no SENHOR *de todo o seu coração e não se apoie em seu próprio entendimento; reconheça o* SENHOR *em todos os seus caminhos, e ele endireitará as suas veredas.*

Provérbios 3.5-6

Anotações de oração

35

Ore para que seus filhos adultos

Resistam a influências malignas e comportamentos destrutivos

Senhor, peço que me dês sabedoria para saber como orar por meu filho adulto. Dá-me coragem de confrontá-lo quando for preciso. Ajuda-me a esperar o momento certo e me mostra as palavras certas a dizer. Abre o coração dele para me ouvir. Naquilo que se desviou de teus caminhos, peço que estendas teu cajado de pastor e o traga de volta ao aprisco. Sê a fortaleza dele em tempo de angústia e o livra do Maligno (Sl 37.39-40). Obrigada, Senhor, porque tu nos livras de nossos inimigos (Sl 18.48). Peço que liberte meu filho adulto das áreas em que está cativo por influências do mal ou por comportamentos destrutivos. Em nome de Jesus, amém.

"Não por força nem por violência, mas pelo meu Espírito", diz o SENHOR dos Exércitos.

Zacarias 4.6

Anotações de oração

36

Ore para que seus filhos adultos

Resistam a influências malignas e comportamentos destrutivos

Senhor, reconheço que não sei tudo que se passa na mente, nas emoções e na vida de meu filho adulto, mas tu sabes. Revela o que precisa ser revelado. Expõe qualquer erro de pensamento de forma tão clara que ele se arrependa diante de ti. Não permitas que ele oculte nenhum pecado. Se estiver até mesmo brincando com algo que consiste numa armadilha do inimigo para sua destruição, peço que o livres disso. Conserva-o afastado de pessoas que pretendem fazer o mal ou envolvê-lo em obras más. Dá-lhe forças para resistir a todas as influências nocivas e para evitar qualquer comportamento destrutivo. Protege-o e guarda-o do Maligno. Em nome de Jesus, amém.

As armas com as quais lutamos não são humanas; ao contrário, são poderosas em Deus para destruir fortalezas.

2Coríntios 10.4

Anotações de oração

37

Ore para que seus filhos adultos

Resistam a influências malignas e a comportamentos destrutivos

Senhor, trabalha na vida de meu filho adulto para levá-lo a um alinhamento pleno com tua vontade. Abre os olhos dele para ver tua verdade, a fim de que ele permaneça livre de todo engano. Destrói qualquer falso ídolo em sua mente que o atraia a sair do caminho que planejaste para ele. Sei que não violarás a vontade de meu filho adulto, mas eu te convido a entrar na vida dele pelo poder do teu Espírito Santo e levar seu coração a ser tocado por tua presença. Pelo que ele seja liberto de todas as más influências e de qualquer comportamento destrutivo. Em nome de Jesus, amém.

Odeiem o mal, vocês que amam o Senhor, pois ele protege a vida dos seus fiéis e os livra das mãos dos ímpios. A luz nasce sobre o justo e a alegria sobre os retos de coração.

Salmos 97.10-11

Anotações de oração

38

Ore para que seus filhos adultos

Mantenham-se afastados de toda impureza e tentação sexual

Senhor, ajuda meu filho adulto a fugir de toda impureza sexual — a se afastar dela, não olhar para ela e não se sentir atraído por ela. Convence-o a trocar de canal, fechar o *website*, jogar fora a revista, o DVD ou o CD; ou tira-o do cinema (Pv 27.12). Dá-lhe o entendimento de que qualquer desvio do caminho que planejaste para ele — mesmo se ocorrer apenas dentro da mente — será uma armadilha para cair e um tropeço para a alma. Capacita-o a permanecer no solo firme da pureza a teus olhos. Ajuda-o a guardar tua Palavra em seu coração, para que não peque contra ti (Sl 119.11). Em nome de Jesus, amém.

Pois tudo o que há no mundo — a cobiça da carne, a cobiça dos olhos e a ostentação dos bens — não provém do Pai, mas do mundo.

1João 2.16

Anotações de oração

39

ORE PARA QUE SEUS FILHOS ADULTOS

Mantenham-se afastados de toda impureza e tentação sexual

SENHOR, peço que (<u>nome do filho adulto</u>) seja liberto de toda contaminação sexual. Oro para que purifiques sua mente e tire de seu coração todas as coisas que já viu e comprometeram sua pureza sexual. Caso tenha se envolvido em algo que viola teus padrões de pureza, peço que condenes sua consciência em relação a isso e o leves ao arrependimento diante de ti. Capacita-o a permanecer no solo firme da pureza a teus olhos. Ajuda-o a ver que ele precisa se purificar até mesmo da desobediência inconsciente a teus caminhos. Peço que o libertes completamente de todo e qualquer desejo profano. Em nome de Jesus, amém.

Quem poderá subir o monte do Senhor? *Quem poderá entrar no seu Santo Lugar? Aquele que tem as mãos limpas e o coração puro, que não recorre aos ídolos nem jura por deuses falsos.*

Salmos 24.3-4

Anotações de oração

40

Ore para que seus filhos adultos

Mantenham-se afastados de toda impureza e tentação sexual

Senhor, peço que libertes meu filho adulto das áreas em que ele permitiu a entrada de desejos profanos. Coloca no coração dele o desejo de te agradar, andando segundo o Espírito, não segundo a carne (Rm 8.8). Ajuda-o a saber que és o refúgio dele, a quem pode recorrer a cada momento que a tentação sobrevier (Sl 141.8). Faze-o compreender a grandeza de teu poder para libertá-lo. Desvia os olhos dele de tudo que é inútil (Sl 119.37). Concede-lhe a capacidade de ponderar de verdade sobre tudo aquilo que faz e sobre cada passo dado, para que não ande no caminho do mal, mas, sim, no caminho que reservaste para ele (Pv 4.26-27). Em nome de Jesus, amém.

Vivam pelo Espírito, e de modo nenhum satisfarão os desejos da carne.

Gálatas 5.16

Anotações de oração

41

Ore para que seus filhos adultos

Mantenham-se afastados de toda impureza e tentação sexual

Senhor, tu disseste que o pecado acontece simplesmente ao olhar para algo mau (Mt 5.28). Mas também nos deste uma forma de nos livrar da propensão ao erro (Mt 5.29). Se meu filho adulto cometeu alguma falha moral, dá-lhe um coração arrependido para que ele se apresente diante de ti e seja purificado de todos os efeitos e de todas as consequências do erro. Peço que ele nunca seja seduzido por um caminho que leva à destruição. Capacita-o a resistir a todas as tentações. Concede-lhe "espírito de sabedoria e de revelação", a fim de que ele compreenda o propósito para o qual foi criado e não sinta o desejo de violá-lo (Ef 1.17-18). Em nome de Jesus, amém.

Vocês, porém, são geração eleita, sacerdócio real, nação santa, povo exclusivo de Deus, para anunciar as grandezas daquele que os chamou das trevas para a sua maravilhosa luz.

1Pedro 2.9

Anotações de oração

42

ORE PARA QUE SEUS FILHOS ADULTOS

Mantenham-se afastados de toda impureza e tentação sexual

SENHOR, oro para que meu filho adulto se livre de tudo na vida que o leva a comprometer a pureza de alma que desejas. Não permitas que a luz em seus olhos se desvaneça por ver impurezas sexuais. Em vez disso, que ele olhe para ti (Sl 123.1). Capacita-o a dizer, assim como Davi: "Não porei coisa injusta diante dos meus olhos" (Sl 101.3, RA). Peço que sejam derrubados os ídolos da promiscuidade sexual, pornografia, perversão, sensualidade e imoralidade na mídia, em nossa terra, em nosso lar e em nossa vida. Peço de maneira especial que meu filho adulto não seja tentado, pego, desviado ou corrompido por nenhum deles. Rogo que tu o protejas. Em nome de Jesus, amém.

O prudente percebe o perigo e busca refúgio; o inexperiente segue adiante e sofre as consequências.

Provérbios 27.12

Anotações de oração

43

Ore para que seus filhos adultos

Tenham boa saúde e experimentem a cura que Deus proporciona

Senhor, peço que (<u>nome do filho adulto</u>) aprenda a orar com poder pela própria cura. Desperta nele muita fé no nome de Jesus. Concede-lhe o entendimento de clamar pela cura conquistada na cruz. Peço que toques em todo lugar de seu corpo em que houver doença, enfermidade ou ferida, para trazer cura completa. Ajuda-o a não desistir de orar até que veja a cura plena que tens para ele. Seja a cura instantânea ou manifestada por meio de uma recuperação gradativa, desde já te agradeço pelo milagre que operarás no corpo dele. Em nome de Jesus, amém.

Cura-me, Senhor, e serei curado; salva-me, e serei salvo, pois tu és aquele a quem eu louvo.

Jeremias 17.14

Anotações de oração

44

Ore para que seus filhos adultos

Tenham boa saúde e experimentem a cura que Deus proporciona

Senhor, peço que (<u>nome do filho adulto</u>) desfrute boa saúde e tenha vida longa. Dá-lhe a sabedoria e o conhecimento necessários para reconhecer que seu corpo é templo do teu Espírito Santo e, por isso, deve receber cuidados, nunca ser negligenciado ou maltratado. Ajuda-o a valorizar a boa saúde como um dom que vem de ti, o qual deve ser protegido, não desperdiçado num estilo de vida insensato ou descuidado, nem dado como certo. Ensina-o a fazer escolhas sábias e a rejeitar tudo aquilo que mina a boa saúde. Revela todas as verdades que precisam ser vistas e concede-lhe entendimento. Ensina-o a ser disciplinado em sua alimentação, nos exercícios e no descanso adequado. Em nome de Jesus, amém.

Se vocês derem atenção ao SENHOR, o seu Deus, e fizerem o que ele aprova, se derem ouvidos aos seus mandamentos e obedecerem a todos os seus decretos, não trarei sobre vocês nenhuma das doenças que eu trouxe sobre os egípcios, pois eu sou o SENHOR que os cura.

Êxodo 15.26

Anotações de oração

_____

_____

_____

_____

_____

_____

_____

_____

45

Ore para que seus filhos adultos

Tenham boa saúde e experimentem a cura que Deus proporciona

Senhor, ajuda meu filho adulto a submeter seu corpo a ti (1Co 9.27). Ajuda-o a reconhecer qualquer área em que tenha aberto espaço para maus hábitos de saúde, que servem para destruir sua vida. Que ele valorize seu corpo o suficiente para cuidar bem dele e ensina-lhe a maneira certa de viver. Quando estiver machucado ou não se sentir bem, guia todos os médicos que o atenderão e cuidarão dele. Capacita-os a fazer o diagnóstico correto e saber exatamente o que deve ser feito. Quando a cura parecer demorar, ajuda-nos a não desanimar, nem perder as esperanças. Em vez disso, que aumentemos o fervor e a frequência de nossas orações. Em nome de Jesus, amém.

Mas ele foi transpassado por causa das nossas transgressões, foi esmagado por causa de nossas iniquidades; o castigo que nos trouxe paz estava sobre ele, e pelas suas feridas fomos curados.

Isaías 53.5

Anotações de oração

46

Ore para que seus filhos adultos

Tenham boa saúde e experimentem a cura que Deus proporciona

Senhor, ajuda meu filho a ser um bom mordomo de seu corpo. Faça-o saber que sempre deve apresentar seu corpo como sacrifício vivo, santo e aceitável a ti (Rm 12.1). Capacita-o a compreender a ideia de te glorificar no cuidado com o corpo, porque é tua morada. Sempre que ele estiver doente, rogo que tu o cures. Restaura-lhe a saúde e cura todas as suas feridas (Jr 30.17). Dá-lhe o conhecimento e a fé para dizer: "Senhor meu Deus, a ti clamei por socorro, e tu me curaste" (Sl 30.2). Sei que, quando *tu* nos curas, somos verdadeiramente sarados (Jr 17.14). Em nome de Jesus, amém.

Bendiga o Senhor a minha alma! Não esqueça nenhuma de suas bênçãos! É ele que perdoa todos os seus pecados e cura todas as suas doenças, que resgata a sua vida da sepultura e o coroa de bondade e compaixão.

Salmos 103.2-4

Anotações de oração

47

Ore para que seus filhos adultos

Desfrutem um casamento feliz e eduquem filhos tementes a Deus

Senhor, oro por (<u>nome do filho adulto</u>) e peço que lhe dês o cônjuge perfeito. Coloca uma pessoa temente a Deus na vida dele, alguém que estará a seu lado pelo restante de sua vida num casamento pleno e feliz. Peço que ele tenha um coração puro, uma natureza boa e um caráter gracioso, bom, generoso e amável. Que eles sintam atração duradoura um pelo outro. Peço, acima de tudo, que tenham muito amor permanente um pelo outro. Habita no casamento deles, Senhor, e faze desse relacionamento aquilo que desejas. Em nome de Jesus, amém.

Se não for o Senhor o construtor da casa, será inútil trabalhar na construção.

Salmos 127.1

Anotações de oração

48

ORE PARA QUE SEUS FILHOS ADULTOS

Desfrutem um casamento feliz e eduquem filhos tementes a Deus

SENHOR, em relação a meu filho adulto que já se casou, peço que ele e seu cônjuge cresçam em amor, alegria, paz, paciência, amabilidade, bondade, fidelidade, mansidão e domínio próprio (Gl 5.22-23). Que o coração dos dois se una cada vez mais, e não se afaste. Opera neles as mudanças necessárias. Ajuda-os a aprender a orar com poder um pelo outro. Peço que se amem, se honrem e se submetam um ao outro (1Pe 5.5). Ajuda-os a comunicar apreço e respeito mutuamente. Peço que o perdão flua com facilidade entre os dois e que nenhuma emoção negativa estrague a atmosfera do lar. Em nome de Jesus, amém.

Sobretudo, amem-se sinceramente uns aos outros, porque o amor perdoa muitíssimos pecados.

1Pedro 4.8

Anotações de oração

49

Ore para que seus filhos adultos

Desfrutem um casamento feliz e eduquem filhos tementes a Deus

Senhor, ajuda meu filho adulto a ser o melhor cônjuge possível. Ensina-lhe as coisas necessárias para que o casamento seja bem-sucedido. Concede-lhe compreensão, paciência e boa habilidade de comunicação. Peço que não haja dentro dele ganância para gerar contendas, mas que ele confie em ti e prospere (Pv 28.25). Tira de sua vida qualquer coisa que o impeça de ser o cônjuge que tu desejas. Que seu coração seja manso e bondoso para o cônjuge, e que sempre sejam a prioridade um do outro. Peço que não lhes sobrevenha o divórcio no futuro. Em nome de Jesus, amém.

O que Deus uniu, ninguém separe.

Mateus 19.6

Anotações de oração

50

Ore para que seus filhos adultos

Desfrutem um casamento feliz e eduquem filhos tementes a Deus

Senhor, peço que meu filho adulto tenha filhos saudáveis, plenos, inteligentes, talentosos e tementes a ti. Auxilia-o em cada passo da paternidade e capacita-o a ter sucesso na educação de filhos obedientes, espertos, felizes e produtivos. Dá-lhe fartura de amor, paciência, entendimento e sabedoria no papel de pai. Guia-o a cada passo do caminho, em todas as etapas do desenvolvimento de seu filho. Que ele te procure para pedir orientação, a fim de que sempre instrua os filhos em teus caminhos. Ensina-o a disciplinar, corrigir, guiar os filhos e cuidar deles da melhor maneira. Ajuda-o a reconhecer que os filhos são um presente que vem de ti. Peço que o relacionamento com cada filho seja positivo e duradouro. Em nome de Jesus, amém.

Não labutarão inutilmente, nem gerarão filhos para a infelicidade; pois serão um povo abençoado pelo S<small>ENHOR</small>, eles e os seus descendentes.

Isaías 65.23

Anotações de oração

51

Ore para que seus filhos adultos

Desfrutem um casamento feliz e eduquem filhos tementes a Deus

Senhor, protege cada um de meus netos de todo mal e dos planos do inimigo. Protege-os de acidentes e doenças. Ajuda-os a te conhecer e a aprender a viver em teus caminhos. Não permitas que vivam separados de ti. Dá-lhes um espírito humilde e disposto a aprender. Ensina-lhes a sempre honrar e obedecer aos pais, e a não serem rebeldes. Auxilia-me a deixar uma grande herança para meus filhos e netos nas áreas da sabedoria, espiritualidade, prosperidade e plenitude que os abençoará ao longo de toda a sua vida (Pv 13.22). Ajude-me a ter uma vida piedosa que agrada a ti, para que não só *eu* conheça tua misericórdia, mas *eles* também (Sl 103.17-18). Em nome de Jesus, amém.

Mas o amor leal do Senhor, *o seu amor eterno, está com os que o temem, e a sua justiça com os filhos dos seus filhos, com os que guardam a sua aliança e se lembram de obedecer aos seus preceitos.*

Salmos 103.17-18

Anotações de oração

_____

_____

_____

_____

_____

_____

_____

_____

_____

52

Ore para que seus filhos adultos

Mantenham relacionamentos fortes e gratificantes

Senhor, peço que (<u>nome do filho adulto</u>) tenha amigos que lhe falem a verdade em amor (Pv 27.6). Rogo por amigos sábios (Pv 13.20) que sejam sempre um forte apoio para ele (Ec 4.9-10). Que cada relacionamento na vida dele glorifique a ti. Oro também por bons relacionamentos entre os pais, irmãos e outros membros da família. Abençoa esses relacionamentos com amor profundo, compaixão, compreensão mútua e boa comunicação. Se houver rusgas ou pontos de divergência em qualquer um desses relacionamentos, peço que tu tragas paz, cura e reconciliação. Que o inimigo não seja capaz de destruir nenhum relacionamento ou amizade. Em nome de Jesus, amém.

Se, porém, andarmos na luz, como ele está na luz, temos comunhão uns com os outros, e o sangue de Jesus, seu Filho, nos purifica de todo pecado.

1João 1.7

Anotações de oração

53

ORE PARA QUE SEUS FILHOS ADULTOS

Mantenham relacionamentos fortes e gratificantes

SENHOR, peço que meu filho adulto encontre amigos tementes a ti. Que eles deem bons conselhos e orientação a ele (Pv 27.9) e sejam uma influência positiva em sua vida. Capacita-o a enxergar a verdade sobre as pessoas e a se sentir atraído por aquelas que são boas. Oro especificamente por seu relacionamento com (nome da pessoa). Que tu os ajude a sempre estar em harmonia um com o outro pelo poder do teu Espírito Santo. Se houver qualquer falha na comunicação, que tu tragas clareza e entendimento. Se houver motivo real para mágoa, desperta arrependimento e um pedido de desculpas.

Se o relacionamento for rompido por algum motivo, proporciona cura e restauração. Em nome de Jesus, amém.

Sou amigo de todos os que te temem e obedecem aos teus preceitos.

Salmos 119.63

Anotações de oração

_____
_____
_____
_____
_____
_____
_____
_____
_____
_____

54

ORE PARA QUE SEUS FILHOS ADULTOS

Mantenham relacionamentos fortes e gratificantes

SENHOR, peço que meu filho adulto sempre tenha um bom relacionamento com os colegas de trabalho. Se algum deles não for temente a ti, que meu filho seja uma influência espiritual sobre essa pessoa. Rogo que ele ande com os sábios e se torne cada vez mais sábio, mas que nunca seja "companheiro dos tolos" para acabar mal (Pv 13.20). Ajuda-o a aprender também a obediência do perdão. Capacita-o a perdoar com facilidade e a não guardar rancor, ressentimento, amargura ou uma lista de males pessoais. Ajuda-o a se livrar rapidamente da falta de perdão aos outros, para que isso nunca interfira em seu relacionamento contigo, nem adie o perdão de que ele necessita em sua vida (Mc 11.25). Em nome de Jesus, amém.

Sejam bondosos e compassivos uns para com os outros, perdoando-se mutuamente, assim como Deus os perdoou em Cristo.

Efésios 4.32

Anotações de oração

55

Ore para que seus filhos adultos

Sejam protegidos e sobrevivam às fases difíceis

Senhor, peço que cerques meu filho adulto com teus anjos, a fim de que estes o guardem e não o deixem tropeçar (Sl 91.12). Ajuda-o a ouvir tua voz a conduzi-lo e ensina-o a te obedecer, para que sempre faça tua vontade e esteja no lugar certo, na hora certa. Que "o temor do Senhor" seja "fonte de vida" para ele e sirva para afastá-lo "das armadilhas da morte" (Pv 14.27). Peço que teus olhos estejam sempre sobre ele e que não desvie o olhar de ti. Ajuda-o a habitar a tua sombra, onde estará protegido (Sl 91.1). Em nome de Jesus, amém.

O Senhor protegerá a sua saída e a sua chegada, desde agora e para sempre.

Salmos 121.8

Anotações de oração

56

ORE PARA QUE SEUS FILHOS ADULTOS

Sejam protegidos e sobrevivam às fases difíceis

SENHOR, peço que tua mão protetora esteja sobre meu filho adulto. Que ele coloque sua confiança em ti como escudo e protetor (Pv 30.5). Protege-o fisicamente de todo acidente, toda doença, enfermidade, qualquer ato de violência perpetrado por outros, de perigos súbitos e dos planos do Maligno. Sê o protetor dele sempre que estiver viajando de carro, avião, ônibus, barco ou qualquer outro meio de transporte. Por onde quer que ande, rogo que seus pés não escorreguem; leva-o para bem longe do perigo (Sl 17.5). Conserva-o seguro a todo tempo. Que tu sejas seu "refúgio", "fortaleza" e "auxílio sempre presente na adversidade" (Sl 46.1). Peço que nenhuma arma forjada contra ele prevaleça (Is 54.17). Em nome de Jesus, amém.

Mesmo quando eu andar por um vale de trevas e morte, não temerei perigo algum, pois tu estás comigo; a tua vara e o teu cajado me protegem.

Salmos 23.4

Anotações de oração

_____

_____

_____

_____

_____

_____

_____

_____

_____

57

ORE PARA QUE SEUS FILHOS ADULTOS

Sejam protegidos e sobrevivam às fases difíceis

SENHOR, disseste em tua Palavra que, mesmo que os ímpios tentem destruir os justos, tu não permitirás (Sl 37.32-33). Protege meu filho adulto de todos os planos do Maligno. Protege-o de problemas legais, pois a justiça vem de ti (Pv 29.26). Fica com ele quando passar por águas profundas e não permitas que o rio o encubra. Que não seja queimado, nem consumido pelo fogo (Is 43.2). Sê misericordioso com ele e dá-lhe segurança "à sombra das tuas asas, até que passe o perigo" (Sl 57.1). Concede-lhe a sabedoria, o discernimento e a revelação de que necessita para permanecer seguro. Em nome de Jesus, amém.

Quando você atravessar as águas, eu estarei com você; quando você atravessar os rios, eles não o encobrirão. Quando você andar através do fogo, não se queimará; as chamas não o deixarão em brasas.

Isaías 43.2

Anotações de oração

58

ORE PARA QUE SEUS FILHOS ADULTOS

Sejam protegidos e sobrevivam às fases difíceis

SENHOR, quando meu filho adulto passar por momentos difíceis, que tu sejas seu defensor. Que ele aprenda a se voltar para ti em busca de ajuda (Sl 121.1-2). A força do inimigo não é nada à luz do teu grande poder. Rogo que ele aprenda a clamar a ti em suas tribulações, para que tu o livres de suas angústias (Sl 107.6). A despeito do que acontecer, que ao fim ele sempre consiga dizer: "Isso vem do SENHOR, e é algo maravilhoso para nós" (Sl 118.23). Ajuda-o a entender que pode se deitar em paz e logo adormecer; faze-o "viver em segurança" (Sl 4.8). Em nome de Jesus, amém.

O Senhor é a minha rocha, a minha fortaleza e o meu libertador; o meu Deus é o meu rochedo, em quem me refugio. Ele é o meu escudo e o poder que me salva, a minha torre alta.

Salmos 18.2

Anotações de oração

59

ORE PARA QUE SEUS FILHOS ADULTOS

Caminhem em direção ao futuro que Deus preparou para eles

SENHOR, peço que (<u>nome do filho adulto</u>) tenha um futuro bom, longo, próspero e seguro porque está em tuas mãos. Obrigada porque teus pensamentos em relação a ele são de paz e porque desejas lhe dar esperança e um futuro (Jr 29.11). Atrai o coração dele a ti, para que sempre esteja de acordo com tua vontade e com teus caminhos em mente. Não permitas que ele desperdice tempo num caminho que tu não abençoarás. Ajude-o a correr da maneira certa, para que termine forte e receba o prêmio que reservaste para ele (1Co 9.24). Peço que nada o separe de ti (Rm 8.38-39). Em nome de Jesus, amém.

Considere o íntegro, observe o justo; há futuro para o homem de paz.

Salmos 37.37

Anotações de oração

60

ORE PARA QUE SEUS FILHOS ADULTOS

Caminhem em direção ao futuro que Deus preparou para eles

SENHOR, que meu filho adulto esteja firmemente plantado em tua casa, para que sempre seja viçoso, florescente e dê frutos até a velhice (Sl 92.13-14). Ajuda-o a lembrar que tu és "capaz de fazer infinitamente mais do que tudo o que pedimos ou pensamos, de acordo com o [teu] poder que atua em nós" (Ef 3.20). Guia-o passo a passo para que ele nunca saia do caminho que planejaste para sua vida. Peço que tu, o Deus da esperança, o preenchas com tua alegria e paz, para que ele transborde "de esperança, pelo poder do Espírito Santo" (Rm 15.13). Em nome de Jesus, amém.

Olho nenhum viu, ouvido nenhum ouviu, mente nenhuma imaginou o que Deus preparou para aqueles que o amam.

1Coríntios 2.9

Anotações de oração

Compartilhe suas impressões de leitura escrevendo para:
opiniao-do-leitor@mundocristao.com.br
Acesse nosso *site*: www.mundocristao.com.br

Diagramação:	Luciana Di Iorio
Preparação:	Daila Fanny
Revisão:	Josemar de Souza Pinto
Gráfica:	Forma Certa
Fonte:	Cochin LT Std
Papel:	Offset 63 g/m² (miolo)
	Cartão 250 g/m² (capa)